# PARTAGE

## DE L'EUROPE,

*Proposé à tous les Gouvernemens, pour parvenir à une Paix générale et durable, prenant pour base la réunion des Peuples qui ont les mêmes intéréts, et les grandes limites tracées par la Nature.*

# PARTAGE DE L'EUROPE;

## OU

## OBSERVATIONS MORALES,

## GÉOGRAPHIQUES ET POLITIQUES,

*Sur la situation, les limites naturelles, et les intérêts de tous les Etats de l'Europe,*

POUVANT SERVIR AUJOURD'HUI DE BASE A UN TRAITÉ DE PAIX.

Par une Habitante des Bords du Rhin.

*22 Floréal an 8, de la République.*

A PARIS;

Chez GUEREBART, Imprimeur-Libraire; rue Grenelle Saint-Germain, N.° 1179., près celle des Saints-Pères.

AN VIII. 1800.

# AVIS DE L'IMPRIMEUR.

Ce Mémoire écrit avant la bataille de Maringo, par une habitante des bords du Rhin, m'avoit été adressé pour l'imprimer beaucoup plutôt. Je ne l'ai reçu que long-tems après son envoi.

Peut-être qu'aujourd'hui le Public pensera que l'Auteur, et à son défaut l'Imprimeur à qui elle a donné sa confiance, auroit dut donner d'autres limites aux Républiques et aux Principautés de l'Italie ; mais l'Imprimeur n'a pas cru devoir se permettre aucun changement à un ouvrage, dont les principes et les bases établies, pour donner des bornes à tous les Gouvernemens de l'Europe, sont moins calculés sur la puissance momentanée des Souverains qui peut varier, que sur les localités, les convenances, les intérêts, des Peuples, et les grandes limites tracées par la Nature qui sont invariables.

La reprise de l'Italie par les Français ne change rien aux avantages démontrées dans ce Mémoire, que la République Cisalpine et tous les Républicains d'Italie trouveront dans leur réunion avec Génes, par leur rapprochement des frontières de la France et de la Suisse, et par l'acquisition de places fortes et de ports de mer, en échange des plaines de la Lombardie.

La maison de Savoie trouvera également le même avantage dans l'échange proposé du Piémont pour la Toscane, Ferrare, Ravene et Bologne ( l'acquisition de plusieurs ports de mer ) et cet échange, qui ne donnera plus à ses Etats pour voisin qu'un seul Souverain plus puissant que lui, est également, après la bataille de Maringo comme avant, conforme aux intérêts de l'Empereur et de la France.

Les dédommagemens à donner au Grand-Duc de Toscane peuvent - être également les mêmes, sans nuire au rétablissement de la République Cisalpine.

L'armistice conclue après la bataille de Maringo laisse également l'Empereur en possession à peu près de tous les mêmes Etats que ce Mémoire propose de lui céder, bornés par la mer Adriatique, le Pô, l'Adda, Linn, le Danube, la Naab et l'Eger.

La France qui, malgré ses nouvelles conquétes, ne veut n'y ne doit pousser ses limites au delà du Rhin, des Lacs de Neufchâtel, de Genéve et des Alpes, ne peut desirer aujourd'hui rien de plus avantageux que la proposition faite dans ce Mémoire, de rapprocher de ses frontières la République Cisalpine qu'elle a créé, par un échange qui la rendra plus puissante et lui donnera la garde des portes de l'Italie.

L'Electeur de Bavière, qu'il n'est point de l'intérêt de la France de dépouiller de son Duché, sentira encore mieux aujourd'hui tout l'avantage pour lui des échanges proposées dans ce Mémoire, de tous ses autres Etats épars qu'il ne peut défendre, pour la réunion des Souverainetés renfermées entre la rivière de Bregentz, le Lac de Constance, le Danube jusqu'à Passaw et tout le cours de l'Inn.

Et les nouvelles conquétes des Français en Allemagne qu'ils ne veulent point y garder, loin de rien changer à la possibilité des échanges proposées par ce Mémoire entre les Souverains de l'Empire, pour leur avantage et ceux des Peuples qu'ils rapprocheroient de leur Gouvernement, en applaniront toutes les petites difficultés qu'auroient peut être fait naître auparavant des intérêts mal entendus, qui ne se seroient pas vu forcés, comme aujourd'hui, de recevoir la loi dictée par la convenance et l'intérêt général des Peuples.

*Il devoit être joint à cet Ouvrage une carte indiquant le cours de toutes les rivières, et les limites proposées pour chaque Etat de l'Allemagne et de la haute Italie. Elle a été envoyée avec le manuscrit ; mais la cherté des frais de gravure à fait diférer à l'Imprimeur de la donner au Public, jusqu'à ce que le produit de la vente de l'Ouvrage ait pu fournir à les acquitter : mais il s'engage envers ceux qui auront un exemplaire de l'Ouvrage, lorsque la carte paroîtra, de leur en donner une en payant seulement le supplément du prix que so vendra alors l'Ouvrage avec la carte.*

*Cette Carte aura en marge le nom de tous les Souverains de l'Allemagne et un état détaillé de la force de chaque Electorat, Principauté, Comté-immédiat et autres Souverainetés de l'Empire, de leurs contingens en soldats, cavaliers et mois romains, et de leur taxe pour les frais de la chambre de Wezlard.*

# LIMITES

## INDIQUÉES

## PAR LA NATURE;

*Par les convenances, par les intérêts des Peuples et des Gouvernemens; pour être les bornes des Etats de l'Europe, proposées à toutes les Puissances, comme pouvant être les bases d'un Traité de Paix générale.*

Le cours des grandes rivières, les chaînes des hautes montagnes semblent être les barrières que la Nature a voulu mettre entre les différentes contrées de l'Univers, pour en diviser les Peuples, servir de limites aux Nations, de bornes aux différens Gouvernemens. Tous les Souverains devroient donc, pour le bonheur des hommes, l'intérêt des Etats qu'ils gouvernent, *les leurs même mieux calculés*, borner leur ambition, à bien gouverner seulement; rendre riches et florissans les pays renfermés dans les enceintes tracées par la Nature, dans lesquels son Souverain

Maître les a fait naître ou placés , pour y travailler à la félicité des hommes confiés à leurs soins comme à leur autorité , et non pour troubler le repos de leurs voisins , en voulant étendre au-delà , par la force et les conquêtes , leurs lois et leurs pouvoirs.

J'entreprends d'examiner qu'elles sont en Europe ces grandes limites naturelles , pour les grandes Nations, le Français, l'Allemand, le Russe, l'habitant du Nord, le Prussien , le Polonais , l'Hongrois , le Grec ou Turc européen, l'Italien , l'Anglais , l'Espagnol : et celles aussi tracées par la Nature , comme pour faciliter des subdivisions de Peuples parmi les grandes Nations , de petits Etats dans les grands Empires ; telles que celles qui semblent devoir séparer les Electorats en Allemagne , les différentes Principautés en Italie, les Républiques dans les Alpes , le Républicain Batave des Vassaux de l'Empire.

J'entreprends de représenter à tous les Gouvernemens, que leur intérêt même leur prescrit de prendre ces limites pour bornes de leur autorité , et de l'étendue de la jurisdiction de leurs loix.

Ces limites, fixées par la Nature , plus précises , et moins variables que celles convenues par les hommes , momentanément après chaque guerre , donneroient à tous les Etats des frontières , mieux défendues par leurs forces naturelles , que par celles de l'art, et par des places de guerre , mieux garanties par leurs positions de l'envahissement des am-bitieux , que par des traités , que sait bientôt éluder le desir de conquérir, lorsque tenté pas la facilité, aucunes barrières ne l'arrètent. La sagesse seule de l'homme ne peut inspirer à celui qui peut beaucoup , qu'il doit se défier de trop entreprendre.

Tous les Souverains, tous les Gouverne-mens rentrant, par des échanges, dans ces limites , augmenteroient par la réunion de tous les Peuples soumis à leurs loix , non-seulement leurs moyens de défense, mais aussi tous ceux de puissance et de prospérité.

Ils y trouveroient plusieurs autres grands avantages ; les causes de plusieurs guerres, sinon tout-à-fait éteintes , au moins rendues bien plus rares ; le commerce entre les Na-tions deviendroit plus florissant par la sup-pression de bien des entraves qu'il trouve dans des changemens trop multipliés de do-mination et de différentes loix prohibitives ; les intéréts des Peuples, qui sous les loix d'un même Souverain devroient toujours être les mêmes ( ceux de la Patrie commune ) . rendus aujourd'hui souvent très différent par ceux qui les attachent davantage à des Peuples intermédiaires , n'auroient plus que le même but de prospérité , et y arriveroient plus surement lorsqu'ils n'auront plus d'intermédiaires qui rompent les liaisons et reculent, pour ainsi dire , leur distance d'avec le chef-lieu de la Patrie ; et la sûreté publique sera moins troublé par les scélérats , lorsque des frontières moins multipliées et plus difficiles à franchir leurs offriront moins de facilité à se soustraire , par la fuite , à l'autorité de leurs Juges.

Les Souverains , sans augmenter la grandeur de leurs Etats , même ceux qui par des échanges perdroient quelques étendue de superficie territoriale ; en concentrant autour d'eux , par la réunion des Peuples soumis à leurs lois , tous leurs moyens de force et de puissance , deviendroient bientôt plus puissans ; liant davantage tous les intérêts, toutes les habitudes de leurs Peuples , avec l'intérêt de la Patrie , ils en retireroient plus de secours ; plus à même de les connaitre , leur génie, leurs besoins , ils pourroient à leur tour mieux les secourir , et contribuer à leur bonheur.

Ils pourroient plus inspirer également à

tous l'attachement que prennent ordinairement pour un bon Prince, ceux qui jouissent de sa présence ; pour leurs Concitoyens, pour leur Patrie, ceux qui en ont une commune, et vivent sous les mêmes lois dans un Gouvernement juste et bienfaisant, qui les protége tous sans préférence.

Ils renfermeroient enfin entre leurs mains plus de moyens de se faire également obéir par les mêmes lois, dans tous leurs Etats réunis, qu'ils n'en ont de l'être par des Peuples détachés de leur Empire, chez qui l'utilité et la bienfaisance de la loi générale la plus sage, est presque toujours méconnue ou anéantie, ou même repoussée par des usages ou abus de priviléges différens. Plus le frein est rapproché de la main qui le gouverne, mieux elle peut, au besoin, le faire doucement sentir, sans employer les saccades qui font cabrer le coursier ; et l'effet des rênes n'étant plus interrompu par aucun intermédiaire, elles peuvent être tenus plus lâches par une main habile, sans crainte qu'aucun n'en abuse.

Dans tous les Etats ainsi bornés par des barrières fortement tracées par la Nature même, il suffisoit pour les garder, en défendre l'entrée à l'ennemi, et aux marchandises

prohibées·, la sortie aux criminels, aux trans-
fuges ; de placer le long des riviéres , servans
de limites,  de foibles corps-de-garde seulement très-rapprochés.

Il y auroit un moyen de plus et très-
puissant , pour garantir les Etats de toute invasion inopiné , moyen pratiqué par quelques
anciens Gouvernemens, mais négligé, je ne
sais pourquoi , par tout les modernes ; qui
cependant ont bien cru, pour des motifs
moins urgens , pouvoir quelquefois , sans
blesser les droits de propriété , disposer,
pour l'utilité publique et sûreté de l'Etat ,
de celles de quelques particuliers, moyennant
échange ou indemnité.

Ce moyen seroit de distribuer les terres
frontières, dans un lisière large d'environ
mille toises, à des troupes chargés de les
défendre, et ayant par-là intérêt à leur conservation. Je suis surpris sur-tout que la République française , qui a eu tant de propriété
à sa disposition à donner en échange, ne
l'aie pas employé ; par-là elle auroit acquité
le millard si souvent et si solemnellement
promis à ses armées ; par-là elle auroit ôté
à l'Angleterre la facilité de débarquer jour-
nellement sur les côtes de France les armes
et tous les autres moyens d'insurrection , que

cette Puissance fourni pour troubler les Départemens de l'Ouest.

Le Gouvernement français pourroit encore aujourd'hui devenir seul propriétaire des frontières, en assujétissant d'abord par une loi, tous ceux qui les possèdent à leur garde, et à tous les soins et frais nécessaires pour les défendre ; portant en même-tems peine de confiscation contre ceux qui se soustrairoit à ce devoir ; contre les traîtres qui les livreroient à l'ennemi, et proposant ensuite à ceux qui trouveroient cette charge onéreuse, de les échanger pour des domaines nationaux dans l'intérieur. Bientôt le plus grand nombre accepteroit, même avec perte, cette proposition ( * ).

Lorsque le Gouvernement serait devenu, par ces moyens, maître de la plus grande partie des propriétés frontières de la France, il pourroit les distribuer en domaines militaires, qui seroient entre ses mains des béné-

_____

( * ) La gêne seule que cause dès aujourd'hui les Gardes placés aux frontières pour empêcher la contrebande, y inspire déjà à plus d'un propriétaire le desir de pouvoir échanger leurs propriétés : et j'en connois qui sont prêt à faire leur soumission pour de pareille échange, si la loi est rendue.

fices amovibles, dont il récompenseroit, soit à vie, soit pour un tems limité, les Généraux, les Bataillons, les Escadrons qui auroient le mieux défendu l'intégrité du territoire de la République. Chaque pourvu de ces bénéfices seroit obligé de contribuer aux frais et entretien de petits corps-de-garde placés sur les frontières, ayant chacun un cheval d'ordonnance à leur disposition, toujours prêt à courir avertir les troupes voisines lors de l'approche de l'ennemi, dans les lieux où il ne seroit pas possible de placer de signaux visibles en tout tems.

Ces corps-de-gardes seroient assez rapprochés pour que rien ne pût entrer ou sortir sans être vus. Le service de ces postes fatigueroit peu les régimens, pouvant être fait en grande partie par les soldats mariés et les vétérans des Corps qui auraient obtenus la jouissance de ces domaines ; jouissance dont ces Corps régléroient l'administration, et retireroient le produit comme tout autre propriétaire, par des fermiers ou colons.

Il suffiroit peut-être d'exécuter ce projet aujourd'hui sur les côtes, qui ne sont pas gardés par des corps d'armées. On pourroit renvoyer à la paix son exécution générale.

# PARTAGE DE L'EUROPE.

RUSSIE. Les limites naturelles entre cet Empire et les Etats de l'Europe sont la *Dunna* et le *Boristéne.* Toutes les vues d'agrandissement de ce Gouvernement doivent se porter du côté de la Turquie, et au projet d'acquérir des Colonies dans les Archipels de la Méditérannée et du Mexique, pour pouvoir partager avec les grandes Puissances Maritimes les avantages du commerce. Si cette Puissance ne gardoit plus de la Pologne que la partie à gauche du *Boristéne*, elle pourroit, par la paix générale, obtenir en dédommagement la suzeraineté de l'Isle de Malte, favorable aux projets de l'Empereur Paul ; quelques-unes des anciennes Isles Vénitiennes, et l'Isle de la Martinique, au droit de laquelle la France renonceroit en sa faveur, ou un autre établissement en Amérique.

POLOGNE. Les limites de cet Etat, dont l'avantage et la tranquillité des Peuples de l'Europe demandent le rétablissement, doivent être la *Dunna*, le *Boristéne*, la *Mer Noire*, le *Niester* depuis son embouchure jusqu'à sa source, celles du *Pruth* et du *San*, les monts *Crapack*, les sources de la *Vistule*; le cours de la *Warta*, la rivière de *Noteck* jusque vis-à-vis Thorn, suivant ensuite le cours du *Boug*, jusqu'à Nur, de là tirant à Grodno, suivant après le *Niemen* jusqu'à la *mer Baltique*, laissant réunis à la Russie la partie à la ganche du *Boristéne*, au Royaume de Prusse, la Prusse Polonaise jusqu'au *Boug* et au *Noteok*, à l'Electorat de Brandebourg la partie à la gauche de la *Warta*, et à la Hongrie la partie des Palatinats de Cracovie et de Léopold, entre les sources de la *Vistule* et les monts *Crapack*.

On suppose depuis quelques-tems aux Souverains, qui ont envahis ce Royaume, pour terminer ses dissentions, le projet de lui donner un Roi, avec un Gouvernement qui puisse les empêcher d'y renaître. Ces Souverains feroient une action grande, généreuse et très avantageuse pour les Polonais, pour ceux des Français à qui les portes de leur Patrie resteront fermées, et pour tous les Peuples de l'Europe ( éteignant par-là deux motifs peut-être éternel de guerre ) s'ils vouloient placer sur le Trône de Pologne un Prince français. La France pourroit concourir à cette belle action, en dédommageant la Russie par la cession de Malthe et de ses droits sur la Martinique ; et la Prusse et l'Autriche, parcelle de la partie espagnole de

Saint-Domingue,

Saint-Domingue, ou autre établissement pour leur commerce dans les Colonies.

Cet échange peut paroître désavantageux à ces Souverains, par la diminution de l'étendue de leurs Etats, et du nombre de leurs sujets ; mais il cessera bientôt de l'être, et loin d'affoiblir leur puissance, en tarissant par une moindre rentrée de quelques impôts, quelques sources de leur revenu, dans peu ils les verroient s'accroître, avec la richesse et prospérité de leurs Etats, en ouvrant par là à leurs Peuples et à leur marine les moyens d'acquérir une part aux productions et aux bénéfices du commerce de l'Amérique.

Et la France ne tarderoit à être amplement dédommagé du sacrifice qu'elle feroit aujourd'hui, par le mal qu'il causeroit à son irréconciliable ennemie. Sa marine ne peut aujourd'hui, quoique secondée par celle de l'Espagne, lutter contre la Puissance maritime et commerciale de l'Angleterre. Elle lui porteroit peut être un grand coup, et d'une adroite politique, en lui donnant des rivaux de plus ; dont bientôt les intérêts contrariés par le despotisme maritime de cette Puissance, en feroient des alliés à la France, pour l'aider à lui arracher le sceptre des mers, et les trésors du commerce.

2

Hongrie. Les limites naturelles de ce Royaume sont, du côté de la Pologne, les sources de la *Vistule*, les monts *Crapck*, le *Nicster*; du côté de l'Allemagne, les rivières de *Masch*, de *Raab* et de *Kulp*; ensuite la *mer Adriatique* jusqu'au golphe de *Drinno* près du Durazo, le cours de cette rivière, te celui de la *Morava* jusqu'au *Danube*. Ce Royaume a aujourd'hui pour borne à la rive gauche du Danube, la rivière d'*Aluta*, en Transylvanie : mais pour atteindre ses limites naturelles, il devroit s'étendre jusqu'à la *mer Noire*, entre les embouchures du *Nicster* et du *Danube*.

Turquie-Européenne, ou Empire Grec. Les Etats en Europe du Sultant, qui s'étenden au-dela du *Danube*, de la *Morava*, et du golphe de *Drinno*, devroient les avoir pour bornes. Ce sont là les limites naturelles de l'Empire Grec, y compris la Morée et les isles de l'Archipel. Il seroit à desirer que sans guerre on put ( pour en éviter tout sujet avenir ) engager le Sultan à s'y restreindre, et à céder à la France l'établissement d'une colonie en Egypte : pour cela les Puissances qui gagneroient à ces cessïons, pourroient s'engager à lui fournir des secours pour étendre de son côté ses limites en Asie.

Prusse. Les limites naturelles de ce Royaume, auquel la réunion de la Prusse polonaise et de la Poméranie - ultérieure convient parfaitement, doivent être la rivière de *Niemen*, depuis la mer jusqu'à Graduo ; tirant de-la au *Boug* , près Nur ; suivant ensuite le cours de cette rivière, traversant à Thorn la *Vistule* , et suivant le cours du *Noteck* , celui de la *Warta* et de *l'Eder* jusqu'à la mer, laissant réunis au Brandbourg avec la Silisie , la petite partie de la Pologne , à la gauche de la *Warta*.

Brandebourg. Cet Electorat, subdivision de l'Allemagne, qui , au moyen de la réunion des parties de Lusace , Pologne et Silésie , comprises dans les limites suivanies , deviendroit un Etat assez considérable pour avoir un titre de Royaume séparé de celui de Prusse , auroit pour limites la *Warta* , *l'Eder* jusqu'à Steltin , le *Volde*, les sources de *l'Hawel* , *l'Elbe* jusque près de *l'Elbe* , remontant de là ce fleuve jusqu'à l'embouchure de *Pulznçiz*, suivant ensuite cette rivière et le cours de la *Neissa* jusqu'à *l'Eder*, et de là la rive droite de ce fleuve j'usqu'à sa source.

Magdebourg. Parmi les subdivisions de l'Allemagne, les Principautés d'Halbertat , Werden et Magdcbourg., appartenantes au

Roi de Prusse , sembleroient n'en devoir faire qu'une , et un même Etat , avec celles de Lunebourg , Zell et Bremen , qui pourroient y être réunis , en échange de celles de Minden , Ravensberg, Hoïa, Dirphol, Oostefrise, Clèves et la Marck. Les limites de cette Souveraineté , contigue à celle de Brandebourg , seroient *l'Elb* , la *mer* , le *Veser* , *l'Aller* , la *Salla* depuis son embouchure jusqu'à celle du *Bode*, et cette rivière qui la séparoit de la Saxe.

Nuremberg. Je place ici avant son rang ce que j'ai à dire sur cette subdivision de l'Allemagne ; pour rapprocher tous les articles qui regardent les dédommagemens à proposer au Roi de Prusse , en échange de ses Etats épars de Wesphalie et de Neufchatel. Un jugement de l'Empire , qui donneroit gain de cause aux prétentions de ce Souverain sur Nuremberg , alliénée par ses ayeux , loin d'être nuisible aux habitans de ce pays , leur deviendroit avantageux , en faisant de leur ville la capitale d'une des grandes subdivisions de l'Empire , par la réunion des Principautés d'Anspach , Bareuth et Cumbach, avec partie du Haut-Palatinat. Les limites de cet Etat seroient alors les rivières de *l'Aich* et de *Vissent* , qui se jettent à Forcheim dans celle *Reduitz* , *l'Altmullt* depuis sa source jusqu'au *Danube* et la *Naba.*

Boнeмe. Les limites de ce Royaume, première subdivision de l'Allemagne, doivent être le *Danube*, depuis Ratisbonne, du côté de la Bavière et de l'Autriche ; la *March* du côté de la Hongrie, *l'Eder*, la *Neissa* et le *Pulzniz* du côté du Brandebourg ; *l'Eger* du côté de la Saxe, et la *Naab* du côté de Nuremberg ; y réunissant les parties du Palatinat à la gauche de la *Naab* et de l'Autriche, à la gauche du *Danube*, et cédant à la Saxe la rive gauche de *l'Eger*.

Autriche. Les limites de cet Archiduché, auquel la Principauté de Salzbourg semble devoir être réunis, en dédommageant cet Archevêque, comme il sera dit ci-après, et la partie de la Carinthie à la gauche de la *Draw*, auroit pour limites *l'Inn*, depuis l'embouchure du *Weisbach* jusqu'à Passaw, le *Danube* jusque vis-à-vis l'embouchure de la *Raab*, cette rivière jusqu'à la *Draw*, celle-ci jusqu'à la source près celle du *Weisbach*, et celle-ci jusqu'à *l'Inn*.

Adriatique, ou Tyrol. La réunion du Tyrol, de partie de la Valteline et du Milanois, avec l'Etat vénitien, le Frioul, la Styrie, le Mantouan, la Carniole, et partie de la Carinthie et de l'Ystrie, formeroit un grand Etat, qui pourroit avoir le titre de

Royaume, et faire partie de l'Empire d'Allemagne, avec le rang d'Electorat. Ses limites seroient la *Draw*, les rivières de *Kulp*, de *Sztla*, la *mer Adriatique*, le *Pô*, depuis son embouchure jusqu'à celle de *l'Adda*, cette rivière jusqu'à sa source, et *l'Inn* depuis sa source jusqu'à l'embouchure de *Weisbach*; de manière que *l'Adda* et le *Pô*, deviendroient la séparation de l'Allemagne d'avec l'Italie.

Toscane. Les limites naturelles de cet Etat semblent être entre les golphes de *Génes* et de *Venise*, le cours de la rivière *d'Ombrone* près Orbitello, et de celle de *Métauro* près de Fanno, du côté de la Basse-Italie, ou Etat romain; le *Pô* depuis son embouchure jusqu'à celle de *l'Henza* du côté des Etats de l'Empereur; et les cours de *l'Henza*, de la rivière de *Mégra* du côté de la Haute-Italie; y réunissant par conséquent partie du Duché d'Urbain, Rimini, Ravene, Ferare, Bologne, Modène et Lucques. Cet Etat pourroit être donné, avec le titre de Royaume d'Eturie, à la maison de Savoie, en échange du Piémont, Savoie, et Nice.

Rome. Les limites naturelles de cet Etat le bornent du côté de la Toscane, aux rivières de *Métauro*, et *d'Ombrone*, et portent son territoire du côté de Naples jusqu'au cours de la rivière de *Sangro*, prés Lauzano, et au lac *Celano*, y réunissant partie de l'Arbuze.

NAPLES. Les limites de ce Royaume sont la mer, et celles fixés ci-dessus pour l'Etat romain. On pourroit y joindre l'isle de Corfou, pour dédommager son Souverain de l'Arbuze et de la suzeraineté de Malthe.

PARME. Les limites de ce Duché peuvent être, du côté de la Toscane, depuis le golphe de la *Specia*, les rivières de *Mégra* et de *l'Henza*; du côté de la maison d'Autriche, le *Pó* depuis *l'Henza* jusqu'à la *Trébia*; et du côté de Génes et du Piémont, tout le cours de la *Trébia*, et de sa source, tirant au golphe de *Rapallo*.

RÉPUBLIQUE DES GAULES, CISALPINE et LIGURIENNE réunies. La partie du Piémont borné depuis le passage du *Saint Bernard*, par la rivière de *Doria*, le *Pó*, depuis Verue jusqu'à Plaisance, et par la *Trébia*, et de sa source, tirant au golphe de *Rapallo*, y réunissant presque tout l'Etat de Génes, la Principauté d'Oneille, et une petite partie de l'Etat de Parme; ayant pour bornes du côté de la France, le cap *Venne*, la rivière de *Gribonte*, et le sommet des *Alpes*, jusqu'au *Saint-Bernard*, pourroit être le territoire consacré à la réunion de toutes les Républiques, tant anciennes que modernes de l'Italie; où tous les partisans du Gouvernement républicain auroient la liberté d'aller s'établir, et porter le produit de leurs propriétés, qu'il leur seroit permis de vendre dans tout autre Gouvernement qu'ils voudroient quitter.

MILAN, ou LOMBARDIE. Tout le territoire entre les limites fixé ci-dessus pour les Etats de l'Empereur, et la République Cisalpine, formeroit un grand Duché, ou petit Royaume de Lombardie, qui pourroit être donné au grand Duc de Toscane, en échange de ses Etats cédés à la maison de Savoie. Il y trouveroit l'avantage d'avoir sa Souveraineté plus voisine, et ses forces plus réunies auprès des Etats du chef de sa maison. Les limites de ce Royaume, seroient du côté de la France et de la Suisse, depuis le *Saint-Bernard*, la rivière de *Duenza*, jusqu'à Martini; de là, remontant le *Rhône* jusqu'à sa source au mont *Fourka*, le *Tescin*, depuis sa source jusqu'à Belinzone, et de là le lac de *Como*, et *l'Adda*.

Par cette nouvelle position et limite donné à la réunion des Républiques d'Italie, tous les intérêts des Peuples, des Souverains et des différens Gouvernemens semblent y gagner. L'Empereur, réunissant tous ses Etats, rapproche aussi de lui les forces d'un Souverain de sa maison.

Celle de Savoie, vivant en bonne intelligence avec celle d'Autriche, n'a plus d'invasion d'ennemi à craindre, et acquiert des ports sur les mers de Venise et de Gênes, qui, non-seulement facilite ses communications avec la Sardaigne, mais peuvent en faire une Puissance maritime.

Le Duc de Parme n'étant plus renfermé par l'Etat de Gênes, acquère par mer une communication libre avec les Rois d'Espagne et de Naples, ses protecteurs.

Gênes et Turin, par leur réunion, par les richesses qui porteront les républicains d'Italie, par leur voisinage avec des peuples dont les mêmes gouvernemens et intérêts doivent leur faire des alliés, formeroient une Puissance, qui bientôt tiendra dans l'Europe un rang auquel, ni la République cisalpine, par sa richesse territoriale seule, ni Gênes, n'ayant que son commerce, n'auroient pu l'élever.

Et les Rois, qui redoutent l'esprit républicain, en laissant se rapprocher les peuples qu'il dirige, le concentrent derrière des barrières qu'il leur sera plus possible de lui empêcher de franchir. La ligne de démarcation entre les

Monarchies et les Républiques, par-tout facile à-être surveillé, à peu de frais, ne laissera de communications libres, que celles que les Gouvernemens voudront réciproquement et également avoir.

La France. Ses limites naturelles avec l'Allemagne, la Suisse et l'Italie, sont le cours du *Rhin*, depuis son embouchure jusqu'à celle de la rivière de *Birs*, prés de Basle, le cours de cette rivière, les lacs de *Bienne* et de *Neufchâtel*, les rivières d'*Orbe* et de *Vanoge*, dans le pays de Vaux, dont les eaux peuvent être jointes prés Lassora, par un canal, qui établiroit une communication pour le commerce de tous les peuples, depuis la mer d'Hollande jusqu'au lac de Genéve, prés Morges; (*) de ce point, les limites de

---

(*) Si à la paix la Savoie et Genève restent à la France, il sera du plus grand intérêt pour ces deux Départemens, que le Gouvernement ne néglige pas la possibilité qu'il aura aujourd'hui d'y réunir aussi la petite partie du pays de Vaux, entre les lacs de Genéve et de Neufchâtel, jusqu'aux rivières d'Orbe et de Vanoge, pour pouvoir faire faire un canal entrepris autrefois par les Comtes de Savoie, dont les travaux n'ont été interrompus que par la conquête de ce pays par le Canton de Berne. Ce canal, avec quelques travaux peu dispendieux à faire à la sortie du

la France doivent remonter le lac et le *Rhône* jusqu'à Martini, suivre ensuite la *Druenza*, passant par le *Saint-Bernard*, suivre le sommet des *Alpes*, et ensuite le cours de la rivière de *Gribohte*, dans l'Etat de Génes, jusqu'au cap *Venne*.

RETHIE, ou la République des Grisons, à qui cette guerre semble avoir donné un autre esprit, d'autres intérèts que ceux de la Suisse, a pour ligne de démarcation avec cette autre République, le cours du *Rhin*, depuis sa source gauche sous le *Saint-Gothard*, jusqu'au *lac de Constance*, et doit être séparée de l'Allemagne par les riviéres de *Bregentz* et de *Kraback*, les sources de *Linn* et l'*Adda*; cette riviére jusqu'au lac de *Como*, et être borné du côté de l'Italie par le *Tesin* et la pointe du lac *Majeur*.

HELVÉTIE, ou la République des Suisses, doit avoir pour limites celles indiquées ci-dessus pour la France, la Lombardie et la Rhétie; et du côté de l'Allemagne, le lac

---

lac de Bienne jusqu'au Rhin, continuant la navigation depuis ce fleuve jusqu'à Genève, sortiroit bientôt la Savoie de sa pauvreté actuelle, et en même-tems dédommageroit amplement la Suisse du sacrifice que l'on en exigeroit aujourd'hui.

de *Constance* et le *Rhin* jusqu'à l'embouchure de la *Birs;* y réunissant Constance,
Lauffembourg et Rhinfeld avec leur territoire
à la gauche du Rhin ; et cédant en échange
à l'Allemagne, le petit Basle, Schafouse et
tout ce qui est à la rive droite du Rhin. Cette
ville jouiroit dans l'Empire des mêmes droits
que les Villes impériales.

BATAVIE, ou la République d'Hollande,
semble devoir acquérir en dédommagement
de ce qu'elle perd à la gauche du Rhin,
tout le territoire jusqu'à la *Lippe* et à *l'Ems*,
qui sont ses limites naturelles ; laissant seulement hors de ses limites la ville de Munster
et le territoire à la gauche du *Sterver*, qui
se jette dans la *Lippe*, et à la droite de la
*Verse*, qui se jette dans l'*Ems*, pour en faire
le Siège d'un Electorat ecclésiastique.

Les droits des peuples demandent que les
Républiques des Gaules - Cisalpines, d'Helvétie, de Rethie et de Batavie, puissent se
donner librement la forme de Gouvernement
que les habitans de ces pays voudront se
donner ; délégant par leur Constitution les
pouvoirs législatifs et judiciaires aux sénats
et tribunaux, que les intéréts, les mœurs
et les usages des différens pays indiqueront
d'y établir ; mais en même-tems l'intérêt de

tous les autres peuples de l'Europe, et l'avantage même de ces Républiques demandent, pour maintenir la durée de la paix en Europe, y assurer le bonheur et la tranquillité des peuples, et y étouffer le germe de toutes factions, révolte et anarchie, que l'expérience, a apris, qui doit nécessairement causer la foiblesse de tout Gouvernement, dont le Pouvoir exécutif n'est pas investit d'une plénitude et unité de force et de puissance; qu'elle déposent une autorité suffisante entre les mains d'un seul magistrat suprême, élus soit à vie, soit pour un long terme, comme vient de faire la France; dont le pouvoir ne soit borné que par l'obligation de la stricte observance des lois, et l'interdiction absolue de toute influence sur la disposition des revenus et impôts de l'Etat.

ALLEMAGNE. Cet Empire regagnera l'étendue du territoire qu'il perd à la gauche du Rhin, par les réunions que ses limites naturelles indiquent d'y faire. Ces limites sont (au Sud) *l'Adda*, le *Pô*, et le *golphe de Venise*; (à l'Est) les rivières de *Kulp*, *Raab* et *March*, et les sources de la *Vistule*, qui le bornent du côté de la Hongrie, le cours de la *Warta*, et l'embouchure de *l'Oder*, qui le sépareront de la Pologne et de la Prusse;

(au Nord) la *mer*, le *golphe* et la rivière
de *d'Eyder*, et le *golphe de Christierne*, qui
le séparent du Dannemarck, ( et à l'Est )
*l'Ems*, la *Lippe*, et le *Rhin*, depuis Wesel,
jusqu'au *Saint-Gothard*, borne de quatre
Puissances.

Ce vaste pays peut être divisé en vingt-cinq
grandes divisions, ou Electorats, qui renfermeroient plus ou moins de petites subdivisions,
Souverainetés, soit laïcs, soit ecclésiastiques,
ou de villes impériales ; sans cependant les
rendre plus dépendantes des Electeurs, qu'elles
ne l'étoient des directeurs des Cercles : mais
ce seroit par Electorat, et plus par Cercle,
que s'assembleroient les Diettes particulières,
que les contingens seroient réunis, ou ac-
quittés ; et par les Electeurs, que les décrets de
l'Empire, les ordres des Empereurs, seroient
transmis. Le titre d'Electeur, accordé au prin-
cipal Souverain de chacune de ces divisions,
ne donneroit sur les autres Princes que des
droits de prééminence et de protection, et
l'autorité suffisante pour faire exécuter les
décrets de l'Empire.

Ces vingt-cinq Electorats seroient : *six ecclésiastiques* ; Manheim, Donavert, Duceldorf,
Munster, Bamberg et Wirtzburg ; *dix-neuf
laïcs* ; Bohême, Bavière, Saxe, Brandebourg,

Hannovre, Autriche, Adriatique, Oldem-
boug, Magdebourg, Holstein, Pomeranie-
Suédoise, Mecklembourg, Brunswick, Wirtemberg, Hesse-Cassel, Baden, Brisgaw,
Nuremberg et Nassaw.

MANHEIM. Ce premier Electorat, seroit
donné en dédommagement à l'Electeur de
Mayence. Les limites de cet Electorat, dans
lequel se trouveroient enclavés les Souverainetés d'Armestat, de l'Evêché de Vorms,
et de la grande Maîtrise Teutonique, celle
des Comtes d'Erpach et autres, auroit pour
limites le *Mein*, la *Tauber*, la *Necker*, *Leyn*
et la *Craich*.

Les dédommagemens à donner à l'Electeur
de Bavière seront proposé ci-après. Il en sera
de même proposé pour tous les autres Princes
et Comtes Souverains, qui éprouveront des
pertes, soit par les cessions faites à la France,
soit par les échanges nécessaires pour l'exécution de ce plan général de Paix. Ils
peuvent l'être de leur revenus territoriaux
en France, par une loi qui leur donneroit
un délai suffisant pour pouvoir y vendre leur
propriété ; et de leur revenu et droits féodaux
ou régaliens, suprimés en France sans im-
demnités, par l'assise des mêmes droits, sur
d'autres territoires dans l'Empire, soit par des

échanges avec des Electeurs, soit par des bornes plus reserrées données aux Souverainetés ecclésiastiques, sans cependant diminuer les revenus des titulaires.

DONAVERT. Deuxième Electorat, seroit donné à l'Electeur de Tréves. Il y seroit réunis la Souveraineté de la partie de la Principauté de Neubourg à la gauche du Danube, celle de Dillingen, l'Evéché d'Aichetet et la Prévoté Delvanges. Ses limites seroient entre le cours de l'*Altmult*, les sources de la *Kocher* et le cours de la *Brentz* jusqu'à Lawingen sur le *Danube*. Dans cet Electorat se trouveroit enclavés les Principautés d'OEttingen, les Comtés de Papenheim, Graweneck et autres moindres Principautés.

DUSSELDORFF. Troisième Electorat, seroit donné à l'Electeur de Cologne. Ses limites seroient le *Rhin*, la *Roëre*, les sources de l'*Hone* et son cours en entier. Il pourra y être fixé des dédommagemens pour les Princes d'Aremberg, de Salms, de leur perte à la gauche du Rhin. Dans cet Electorat se trouveroient enclavés la Principauté de Neuwied, le Comté de Seyn et autres.

MUNSTER seroit le siége d'un quatrième Electorat ecclésiastique, et donné à l'archevéque de Strasbourg, pour être un dédommagement

dommagement de sa Souveraineté qui seroit réuni à l'Autriche ; et après lui pour tous les Souverains ecclésiastiques , des diminutions qu'éprouveront leurs Souverainetés. Un décret de l'Empire pouvant régler qu'à l'avenir les six Electorats ecclésiastiques ne pourront être donnés qu'aux Evêques et autres Princes de l'Eglise d'Allemagne , et nommés par leur assemblée. L'Electeur de Cologne pour qui la réunion d'une plus grande Souveraineté entre la *Roere* et la *Sieg* seroit un dédommagement de celle de Cologne et de Munster, donneroit sa démission de ce second évêché , ainsi que tous les Evêques qui en ont deux, sauf la conservation d'un revenu égal pour les titulaires. Les limites de cet Electorat ne seroient pas les mêmes que celles actuelles de l'évêché. Le bas Munster doit être réuni aux Electorats d'Hanovre et d'Oldembourg ; elles ne descendroient pas plus bas le long de l'*Ems* que l'embouchure de la *Verse* , mais s'étendroient jusqu'au *Rhin* entre le *Stever*, la *Lippe* et la *Roere* et jusqu'au *Veser*, entre *Lemmer* et la *Dymel*. Dans cet Electorat se trouveroient enclavés les Souverainetés de Paderbom de Corvey ; et des Comtés de la *Lippe* , de Ritberg et autres.

BAMBERG seroit érigé en Electorat pour son Evêque, et après lui pour les Princes ecclésiastiques de l'Empire. Ses limites seroient la rive gauche du *Mein*, la *Tauber*, et les rivières de *Vissent* et d'*Aich*, depuis Forcheim jusqu'à leurs sources. Dans cet Electorat se trouveroient enclavés les Souverainetés des Princes de Lowenstein, de Schwarzenberg, et des Comtes Castel, de Sinsheim et autres.

WIRTZBOURG seroit aussi érigé en Electorat pour son Evêque, et avec la même distination après lui que les autres Electorats ecclésiastiques ; ses limites seroient la rive droite du *Mein*, le *Rodach*, la *Verra*, les sources de la *Fulde*, et la *Kintz*. Dans cet Electorat se trouveroient enclavés les Comtés de Reineck, d'Hannau et autres.

BOHÊME, septième Electorat, premier laïc. Ses limites ont été donné ci-dessus. Les réunions qui y seront faites de quelques parties de la Bavière à la rive gauche du *Danube* et de la *Naab*, y enclaveroient quelques petites Principautés ecclésiastiques et laïcs.

BAVIÈRE. Huitième Electorat, seroit augmenté en dédommagement de la cession des Palatinats et des Duchés de Berg, de

Julliers , et des Deux-Ponts et autres Souverainetés , hors de l'enceinte suivante , de toutes celles qui y seront renfermés, Burgaw , Mindelheim , Monfort , Fuëssen , les Landsgrayiats de Souabe et de Nullemberg , partie du Comté de Bregentz , et les réductions mises aux Souverainetés de Fressing , Ausbourg, et Kempten ; cette réunion en faisant un Etat considérable , il pourroit avoir le titre de Royaume. Ses limites seroient les rivières de *Bregentz* , les *Lacs de Constance* et de *Zell* , la rivière d'*Ach* qui se jette dans ce dernier ; le *Danube* depuis Dutlingen jusqu'à Passaw , et l'*Inn* jusqu'à l'embouchure du *Krabach* , cette rivière jusqu'à sa source près celle de *Bregentz.* Dans ce royaume se trouveroient enclavés plusieurs autres petites Souverainetés appartenantes à des Souverains particuliers ; telles que celles de Valdembourg, Kœnigsberg, Kircheim, Fuger , Kirchberg , Marckelrain , Ortembourg et autres ; et celles qui seront conservées aux Evêques de Ratisbonne , Passaw , Ausbourg Fressing et Constance.

SAXE. Neuvième Electorat. Ses limites naturelles doivent être l'*Elbe* , depuis l'embouchure de la *Salla* jusqu'à celle de l'*Eger*; cette rivière , le *Mein* , depuis sa source jusqu'au *Rodach* ; cette rivière la *Verra* ; l'*Einne*, jusqu'à sa jonction avec le petit *Oder* a Northeim ; cette rivière jusqu'à sa source, et puis le *Bode* jusqu'à la *Salla* et l'*Elb*. Dans cette enceinte seront enclavés les Principautés que possèdent, ou à donner en dédommagement aux Princes de la Maison de Saxe, celles des Princes d'Enhalt, de Reufs et autres, et les Comtés de Mansfeld, Hohenstein, Stolbert et autres.

BRANDEBOURG. Dixième Electorat. Ses limites ont déjà été données.

HANNOVRE. Onzième Electorat. Ses limites, moyennant la réunion des Souveraineté d'Osnabruck, et partie du Munster, de celles de Minden, d'Hoya, Dirphol et Ravensberg, cédées en échanges par le Roi de Prusse, et des Bailliages de Schombourg et de Buklembourg que céderoit la Hesse, seroient les rivières de l'*Ems* jusqu'à l'*Hasse*, cette rivière, l'*Owc* qui se jette dans le *Wesser* vis-à-vis l'*Aller*, cette rivière jusqu'à l'embouchure de l'*Einne* ; celle-ci jusque vis-à-vis la source de l'*Ale* qui se jette dans le *Wesser* vis à-vis la *Dymel* ; le *Wesser* jusqu'à l'embouchure de l'*Emmer*, et cette rivière dont la source est vis-à-vis celle de l'*Ems*. Dans cet enceinte se trouveroient

enclavés les Souverainetés, ou dédommagement à donner aux Comtes de Bintheim,
Stinfort et Ravenstein, celle de Pirmont et
autres.

AUTRICHE. Douzième Electorat, Ses limites ont déjà été données. D'après les
réunions qui y sont proposés, il se trouveroit dans l'enclave de cet Electorat quelques
Souverainetés particulières, telles que celles
de Berchtsgaden, des Princes d'Aversberg,
Dietrichen, Deggenberg, des Comtés de
Volkenstein et autres, et un Evêché à Salzbourg, dont l'Evêque réduit à une Principauté comme celles des Evêques de Trente,
de Brixen, conserveroit de même le rang
de Prince de l'Empire.

ADRIATIQUE. Treixième Electorat. Ses
limites ont aussi été données. L'état Vénitien
faisant partie de cet Electorat, il deviendroit
juste d'accorder aux anciens sénatenrs de
Venise les mêmes droits et rangs dans l'Empire, dont jouissent les Comtes immédiats.

OLDEMBOURG. Quatorzième Electorat.
Seroit créé pour l'Empereur de Russie, et
composé de ce Comté, de celui d'Elmenhost,
et des Principautés d'Oost-Frise, Dembden
et du Bas Munster qui y seroient réunis, à
la charge d'en employer quelques parties aux

dédommagemens à donner aux petits Souverains dépossédés à la rive gauche du Rhin. Ces dons à faire ne seroient pas pour le cœur généreux de l'Empereur Paul, une diminution de prix à l'avantage qu'il trouveroit à l'accroissement et au rang donné à ses possessions dans l'Empire. Les limites de cet Electorat seroient l'*Ems*, l'*Hasse*, l'*Owe*, et le *Weser*.

MAGDEBOURG. Quinzième Electorat. Ses limites et les réunions à y faire par des échanges entre le roi de Prusse et l'Hannovre, ont été déjà indiquées.

HOLSTEIN. Seixième Electorat. Seroit créé pour le Roi de Dannemarck; l'Evêché de Lubeck sécularisé s'y trouveroit enclavé. Ses limites seroient la rivière de *Sterkis*, l'*Elb*, la *Mer*, le *Golphe* et la rivière d'*Eyder* et le *Golphe de Christierne*.

POMÉRANIE-SUÉDOISE. Dix - septième Electorat. Seroit créé pour le Roi de Suède, et composé de la Poméranie-Cytérieure, et de l'Isle de Ragen. Ses limites seroient l'embouchure de l'*Oder* les rivières de *Rekeniz* et de *Tollensch* près Stragard.

MECKLEMBOURG. Dix - huitième Electorat. Ses limites seroient la *Mer* les rivières de *Sterkis*, de *Rekeniz* et de *Tollench*. L'*Hawel* et l'*Elde* jusque près de l'*Elbe*. Les Duchés

de Saxe, de Lawembourg et de Mecklembourg,
Gustow s'y trouveroient enclavés.

BRUNSWICK. Dix - neuvième Electorat.
Après quelques échanges avec l'Hannovre et
la Hesse, ses limites seroient l'*Aller*, les sources
du *Bode*, le *Petit-Oder*, et l'*Einne*. L'Evêché
d'Hidelseim s'y trouveroit enclavé.

WIRTEMBERG. Vingtième Electorat. Seroit
composé des Etats du Duc de Wirtemberg,
des parties à la gauche du Danube, des Souverainetés d'Hohenberg et de Nullemberg,
cédés par l'Empereur; de partie Delvangen,
et autres réunions qui y seroient faites, en
dédommagement de la cession de ses autres
Etats hors de l'enceinte suivante. La rive
gauche du *Danube* depuis vis-à-vis Dutlingen
borne de la Bavière jusqu'à Larwingen, borné
de l'Electorat de Donavert, le cours de la
*Brentz*, celui de la *Kocher*, le *Necker* depuis
Wimpffen jusqu'à l'embouchure de l'*Entz*,
cette rivière jusqu'à sa source, et celle du
*Zingzig;* celle-ci jusqu'à sa réunion avec le
*Schiltz*, le cours de cette petite rivière, et
tirant ensuite de sa source à celle du *Necker*
à Rottweill, et puis au *Danube* vis - à - vis
Dutlingen. Dans cet Electorat se trouveroient
enclavés les Sonverainetés des Princes de
Hohen zolern, Hohenloé, celles des Comtes

de Hohenhem , Justingen , Wiesteig et autres.

HESSE-CASSEL. Vingt unième Electorat. Ses limites seroient le *Weser* et la *Verra* , depuis la *Dymel* jusqu'à la *Saal* , prenant ensuite le cours de la *Prent* jusqu'à sa source, celle de la *Fulde* , du *Gintz* , de la *Nidda* , du *Vetter* , et après le cours de l'*Hone* depuis Giessen jusqu'à sa source , et tirant delà à la *Dymel* et la suivant jusqu'au *Weser*. Dans cet Electorat se trouveroient enclavés les Principautés des Princes de Hesse , avec les dédommagemens à leur donner , celles des Princes de Hohen - Sloms , de Valdeck , et d'Yssembourg et de plusieurs Comtés immédiats , et l'Evêché de Fulde.

BADEN. Vingt-deuxième Electorat. Comprendroit les Margraviats de Baden et de Dourlach , et tout le territoire entre la rive droite du *Rhin* et les rivières de *Craich* , *Entz* , et *Zing-zig* ; dans lequel se trouveroient enclavés les Principautés , et dédommagement à donner aux Evêques de Spire , de Strasbourg et autres Souverains.

BRISGAW. Vingt - troisième Electorat. Seroit donné au Duc de Modène , pour le dédommager de ses Etats d'Italie. Il seroit réunis à ce Margraviat les Villes forestières à la droite du Rhin , et le Canton de Scha-

fousen , sauf les priviléges de Villes impériales qui seroit donné à cette ville. Ses limites
seroient la rive droite du *Rhin* depuis le
*Lac de Zell* et la rivière d'*Ach*, limites de la
Bavière , jusque vis - à - vis Strasbourg , les
rivières de *Zing-zig*, le *Schiltz*, les sources
du *Necker* et du *Danube*. Il y seroit reservé
le nouveau Siège et une Principauté à donner
à l'Evêque de Basle, et quelques dédommagemens à d'autres Souverains.

Entre cet Electorat, celui de Baden et celui
de Wirtemberg, on pourroit réunir aussi par
des échanges, l'équivalent des Etats du Prince
de Gurbtemberg , vers les sources du Danube
jusqu'aux bornes données aux Wirtemberg ,
Dutlingen et Rottveilt, suivant de là le cours
du *Schiltz* et du *Zing-zig* jusqu'aux sources
de la *Mur*. Tout ce qu'il possède à la rive
droite du Danube seroit abandonné par lui,
pour faciliter les dédommagemens et les
échanges.

Nuremberg. Vingt-quatrième Electorat.
Les réunions des Principautés qui doivent
former cet Electorat pour le Roi de Prusse ,
et ses limites , ont déjà été indiquées. Il
pourroit y être réservé dans la partie du Palatinat a y réunir , une Souveraineté par
l'Electeur de Bavière, pour donner aux Comtes

de Deux-Ponts-Forbach et au Comte de la IEyenen.

NASSAW. Vingt-cinquième Electorat. Seroit créé pour le Stadouder d'Hollande. Ses limites seroient la rive droite du Rhin entre l'*Hone* et le *Mein*, et les limites donnés ci-dessus à la Hesse, la *Nidda*, le *Vetter* et l'*Hone*. Les Souverainetés enclavés dans cette enceinte appartenantes à des Electeurs ou autres Princes dédommagés ailleurs, pourroient être donnés aux autres Priuces de Nassaw, à ceux de Salms et d'Arremberg ou autres, dépossédés à la gauche du Rhin.

Les Evéques Souverains, qui auront perdu la Souveraineté du chef-lieu de leur Siège, auroient celle d'une ville voisine; afin de pouvoir étendre de là leur autorité spirituelle dans les mêmes limites diocésaines de leur Evêché, auxquelles il ne seroient point mis de nouvelles bornes en Allemagne, non plus qu'à leur revenu. Ils n'éprouveroient, ainsi que les autres Souverains ecclésiastiques, de diminution que dans l'étendue de leur Souveraineté temporelle, sur lesquelles seroient pris partie des dédommagemens à donner à des Souverains laïcs. J'ai déjà fait remarquer qu'au moyen de la vente que ces Princes pourroient faire en France de leurs propriétés territoriales , les dédommagemens à leur donner ne seroient qu'en droits de Souveraineté; que par conséquent , il ne faudroit pas pour cela dépouiller l'Eglise d'aucun de ses biens domaniaux ; mais seulement de quelques droits , qui sont pour elle moins des avantages, que des charges opposées à son esprit et à la vocation de ses Ministres. D'ailleurs , l'expectative des six Electorats ecclésiastiques en seroit un ample dédommagement.

Le Siége de l'Evéché de Vorms peut être placé à Heppenhein, celui de Spire Brukshal, celui de Strasbourg à Offembourg , celui de Basle au petit Basle , celui de Constance à Stokat ou Zell sur le Lac, celui de Liége à l'abbaye de Corvey, avec la juridiction spirituelle de celui d'Osnabruck , qui étant protestant, peut être sécularisé. L'Evéque d'Aichctet peut être transféré à Salzbourg , lui donnant pour dédommagement la Coadjutorerie de l'Electorat de Donavert , auquel auroit été réunis son ancien Siége.

Dannemarck et Suède. J'ai dit qu'elles étoient les limites naturelles qui semblent devoir séparer l'Allemagne des Peuples du Nord ; mais je n'ai point assez de connoissance ni de leurs pays, ni de leurs intérêts , pour oser aussi indiquer celles qui conviennent le mieux entre eux.

Espagne et Portugal. Les Pyrennées sont les bornes que la Nature a mis entre la France et l'Espagne ; mais les évènemens seuls et leurs variations ont placés des limites entre l'Espagnol et le Portugais. La Nature semble avoir destiné les pays qu'ils habitent, à n'être peuplé que par une même Nation. Pour opérer cette réunion, ou parvenir à cantonner le Royaume de Portugal, d'une longueur aujourd'hui de 120 lieues de cottes, sur seulement environ 25 de largeur, derrière des limites plus fixes et plus certaines que celles actuelles ; il faudroit ou de trop grands échanges, ou de trop grands dédommagemens ailleurs, pour la Maison de Bragance, ou d'autres moyens à l'Espagne, dont la foiblesse, la pénurie et tous les vices de son Gouvernement ne lui laissent pas le pouvoir.

Ce pays d'une étendue presque égale à la France, ne contient pas sept millions d'ames. Ses terres en général d'un meilleur sol, plus fertiles, et situées sur le plus beau climat, ne rendent pas la vingtième partie des récoltes des moins productifs de l'Europe. La soif de l'or y fait mourir de faim la plupart de ses habitans, ou par des maladies, seul fruit réel des voyages d'Amérique , qui ont moissonné les hommes avant le tems.

Les Rois d'Espagne règnent sur plus de la quatrième partie des terres ou les Européens ont portés leurs lois. Ils ont les clefs des sources d'où on découlés des flots d'or et d'argent, qui semblent n'avoir passé dans leurs terres, que pour en entraîner toutes les graisses et les sels , et venir ensuite arroser et les places du commerce et les récoltes des champs des autres Nations. Ils sont aujourd'hui les Souverains les moins aisés, et proportion gardés , les moins puissans de l'Europe, et leurs Peuples les moins laborieux et les plus pauvres.

O que seroit grand un Roi d'Espagne, qui renonçant à une source de richesse qui a coûté plus d'hommes, qui a empêché de naître dans dans leur Etats plus de mesures de bled, qu'elle n'y a produit d'écus , ramèneroit par des lois sages ses peuples à préférer dans leur patrie, la jouissance de la réalité de la richesse territoriale d'un pays fertile , à la poursuite de son image; qui à l'imitation de l'Empereur de la Chine, mettroit le premier la main à la charrue, pour la rendre et plus respectable et plus productive; qui pour forcer ses sujets à devenir plus laborieux, meilleurs cultivateurs, protégeroit, honnoreroit l'agriculture, le travail et les arts, flétriroit la paresse ; favoriseroit l'émigration de tous les peuples actifs et industrieux dans ses Etats, et s'opposeroit à celle des Espagnols en Amérique. Il tireroit de tous ses Royaumes de l'autre monde, un parti bien plus avantageux, pour celui dont les hommes doivent lui être plus chers et plus lucratifs pour son trésor , en renonçant à les gouverner du haut du trône de Madrid ; et établissant dans ses Etats éloignés des Rois tributaires, de qui il recevroit une partie de l'or de l'Amérique, sans frais pour le Gouvernement espagnol, sans perte de bras pour l'agriculture, n'y de pertes pour la population.

Le Roi actuel a aujourd'hui un beau moment, si mieux éclairé sur ses intérêts et sur ceux de ses peuples, il veut suivre ce conseil. Il pourra mieux prescrire , que dans tout autre, toutes les conditions qu'il voudra imposer à de pareils traités , pour assurer la garantie de la durée et fidélité de leur exécution ; et se donner, en même-tems tout l'honneur de la plus grande générosité , et par là assurer à son règne, à son nom une gloire immortelle.

Onzes Princes de sa Maison ; parmi lesquels plusieurs ont les qualités et les vertus des grands Rois, qui presque tous ont pu acquérir par le malheur, l'expérience qui les forment, sont aujourd'hui proscrits, errans, sans patrie, sans asyle, sans aucun moyen de vivre conformément à leur naissance, qu'en les recevant de la générosité de l'Empereur de Russie, ou en les achetant de l'Angleterre, par la soumission de leurs intéréts et de tous leurs projets à ceux de sa vengeance. Le Roi d'Espagne peut donner en Amérique trois trônes, aux trois branches de sa Maison bannis de France, sans diminuer n'y ses revenus n'y sa puissance.

Angleterre, Écosse et Irlande. La mer qui semble prescrire la réunion de ces trois peuples sous les mêmes lois, donne de tout côté des limites à cet Empire, et indique plusieurs de ses subdivisions.

Il seroit à desirer que la Paix générale put mettre fin aux animosités, au retour de vengeance ( peut être juste, mais trop long tems et trop cruellement exercée ) de cette Puissance contre la France. Alors il sembleroit naturel que pour s'indemniser des sommes énormes qu'elle a prodiguée, *pour faire éprouver à son ennemie plus de maux qu'elle n'en a jamais reçue ;* elle garda une partie des avantages qu'elle s'est procuré par son or et ses conquêtes.

Mais la gloire de la France ne permet pas plus à son honneur, qu'à ses intérêts, de souffrir que cette Puissance dépouille ses alliés de toutes leurs Colonies les plus précieuses. C'est un devoir indispensable, non-seulement pour elle, mais aussi dicté à toutes les Puissances de l'Europe pour leurs intérêts, d'exiger à la Paix de l'Angleterre, la restitution d'une partie des Colonies qu'elle a enlevées aux autres Nations, et notamment qu'il soit rendu à la Hollande au moins un partage, et droit égal de Souveraineté pour la relâche des vaisseaux au Cap-de-Bonne-Espérance.

Mais si, comme je le présume, on ne peut amener la politique ambitieuse et vindicative de l'Angleterre, a des conditions de Paix raisonnables ; si la France, quelque soit la forme de son Gouvernement, ( fut-cenléme encore celui que *Pitt* ne feint de lui proposer, qu'en travaillant à y perpetuer l'arnarchie), ne peut espérer de vrais reconciliation avec son implacable ennemie, que quand elle l'aura mis hors d'état de se relever de ses coups ; je pense que la France, faisant la Paix avec le reste de l'Europe, doit peu craindre de rester dans un état d'hostilité seulement deffensive vis-à-vis sa rivale.

C'est à quoi elle devra peut-être alors se

boruer

borner momentanément, pour pouvoir laisser
jouir quelque tems les peuples des bienfaits
de la Paix, les armées des douceurs du repos ;
pour pouvoir envoyer des bras à l'agriculture, des ouvriers aux manufactures , et le
génie aux arts ; jusqu'à ce qu'un bon Gouvernement ait pu acquérir assez de solidité
pour réparer tous les maux de cette guerre,
et se mettre à l'abri par le rétablissement de
l'ordre, des armes sourdes et des intrigues
du cabinet de Londres ; jusqu'à ce que l'a-
mélioration des finances lui ait donné les
moyens de recréer et pouvoir opposer à son
ennemie une marine formidable ; jusqu'à ce
que des preuves de bonne-foi et de fidélité
dans l'observation des traités aient put fairé
à la France des alliés , des peuples à qui l'intérêt
de leur commerce fera préférer son alliance au
despotisme maritime de celle de l'Angleterre ;
lorsque les causes des défiances et des inimi-
tiés actuelles auront été détruites par l'ab-
juration bien reconnue des principes, qui ont
donnés à la France toute l'Europe pour ennemie ; par le retour non équivoque à tous
ceux, qui ont pour base le respect que tous
les peuples et tous les Gouvernemens doivent
aux Souverains, et aux lois des autres Nations.

Alors la France devenue la protectrice,

non - seulement des Républiques , mais des Souverains subjugués , ou par la marine , ou par l'argent de l'Angleterre , on en verra bientôt plusieurs rechercher son alliance , pour se soustraire au despotisme de cette prétendue Reine des mers.

C'est pour ce moment que la France doit différer les coups de sa vengeance , pour pouvoir les porter dans les deux continens , et sur les mers , par-tout terribles et victorieux.

## CONCLUSION.

ᵤ Si comme tout semble le prouver , le Gouvernement français desire véritablement la Paix ; si comme bien des faits le font présumer , l'Empereur d'Allemagne n'a continué la guerre que pour conserver avec la Lombardie l'Etat Vénitien , et tenir en même-tems sous sa dépendance les autres Gouvernemens de l'Italie ; si comme on ne peut guère en douter , ce sont ces vûes d'agrandissement , qui ont aujourd'hui engagé l'Empereur de Russie à rappeler son armée , qui ont empéché le Roi de Prusse d'entrer dans la coalition ; si d'après la suite des démarches des Puissances coalisées , les Français de tous les sentimens , de tous les partis ne peuvent plus se dissi-

muler, que l'Empereur Paul a voulu seul de
bonne-foi rétablir la Monarchie française, et
en plaçant sur le trône le Prince qu'il appelle
son ami malheureux , lui rendre toute son
ancienne splendeur et puissance, et que l'Autriche et l'Angleterre ne veulent rendre aux
Bourbons que l'héritage des Vallois , après
l'avoir réduit dans le même état de foiblesse,
de pauvreté et d'arnarchie , et avec les mêmes
bornes qu'ils l'ont reçu de Henri III ; si
enfin , comme l'intérêt de la France et l'honneur l'ont prescrit au Premier Consul, il ne
veut pas se départir de la cession de tout le
territoire à la gauche du Rhin, et du rétablissement de la République dont il a été le
fondateur ; toutes ces différentes vues et
projets des grandes Puissances , trouveroient
peut-être à se concilier dans un p an de Paix,
dont les limites des Etats et échanges indi-
qués dans ce Mémoire, auroient été prises
pour bases.

Malgré les chaînes d'or avec lesquelles
l'Angleterre lie à ses intérêts les projets et
les forces des autres puissances, dirige les
cabinets de l'Europe, change les volontés des
Souverains , il n'est pas impossible que des
négociateurs envoyés par la France, pour
proposer aux cabinets de Vienne, de Péters-

bourg et de Berlin séparément, son acquies-
cement aux projets qu'on peut facilement
deviner être le but particulier de chacune
de ces Puissances, ne parvinssent à faire la
paix du continent, ou au moins, à semer
des défiances qui empêcheroient les succès,
et bientôt amèneroit des paix particulières.

En paroissant favoriser les projets de la
maison d'Autriche sur l'Italie, non-seulement
on désarmera l'Empereur d'Allemagne, mais
on obtiendra plus facilement de lui, son
consentement au rétablissement d'une puissante République en Italie, lorsquelle ne sera
plus établie à ses dépens. Les intérêts de la
maison de Savoie ne lui mettent pas plus
les armes à la main, que ceux de la maison
de Bourbon. Ce sont les siens.

Les motifs qui engagent le Gouvernement
français à vouloir le rétablissement d'une
République à Milan, ne seroient-ils pas également, et même plus avantageusement remplis,
par la réunion de Turin et partie du Milanais,
à celles de Gênes !

En augmentant la Puissance de l'Empereur,
on y donnera en même-tems un contre-poids
qui empêchera qu'elle ne devienne redoutable
pour la France et ses alliés, par la jalousie
que l'on augmentera par là chez les autres

grandes Puissances. Le don de Venise , que lui a fait le Consul Bonaparte , a été un trait de politique des plus habiles, des mieux prévus. C'est une pomme de discorde qu'il a jetté entre les Souverains qu'il soupçonne capables de vouloir, sans intérêt , rétablir dans son entier la Monarchie française, et en même-tems , tous les Gouvernemens anciens ; et entre ceux dont il a pénétré les intentions de vouloir auparavant les restreindre, en gardant leurs conquétes. Il s'est servi de cette pomme, pour diviser les ennemis de la France , pour affoiblir les coups d'une coalition formidable, capable , si elle eut agi avec plus de concert, non seulement de conquérir ou dévaster la France , mais de se partager toute l'Europe, si les Souverains qui la composent, mieux d'accord entre eux , en eussent formés le projet :

En montrant à l'Empereur de Russie l'impossibilité actuelle du succès de ses vœux ; mais lui offrant de concourir au dédommagement par lequel sa générosité peut en partie les remplacer ; et en allant au-devant de quelques-uns de ses projets, pour en faciliter l'exécution : il seroit peut-être possible, non-seulement de conclure la paix avec lui, mais même d'en faire un allié à la France ; l'intérét du commerce de la Russie devant tôt ou tard lui faire préférer cette alliance à celle de l'Angleterre.

Pour cela , il faudroit lui envoyer un négociateur, non-seulement habile, mais ayant cet air de loyauté et de franchise , ce même genre d'héroïsme et de générosité dont se pique, et qu'aime dans les autres, l'Empereur Paul , qui en rendant hommage à ses vertus, sauroit en tirer parti pour plaire et persuader. ( * )

---

( * ) La justesse des vues de l'auteur à cet égard semble acquérir dans ce moment-ci une preuve non-équivoque du Gouvernement même; par la lettre du Ministre de la Guerre, adressée au Général Commandant la quatrième Division , insérée dans les journaux, que l'Imprimeur croit faire plaisir au Lecteur de rapporter ici.

« L'intention du premier Consul est , Citoyen Général, que les Russes tombés en votre pouvoir par le sort des armes , soient traités avec les égards particuliers dûs au courage malheureux. Vous veillerez à ce qu'ils aient à se louer de la conduite des Français envers eux. Les Officiers de cette Nation sont l'objet de la considération spéciale du Premier Consul; leur bravoure, leur loyauté, la manière délicate avec laquelle ils se comportent dans les lieux de leur détention, leur méritent son estime. Il croit leur en donner une preuve en les autorisant à venir à Paris, et

Un négociateur qui lui représenteroit, que ce qui a roit été possible à son armée victorieuse, conduite par un héros animé des mêmes sentimens que lui, qui avoit persuadé les Français que le généreux Paul, en voulant rendre aux Bourbons la couronne de Erance, *ne vouloit pas en détacher un fleuron*, ne le sera jamais aux armées d'une Puissance qui, en entrant une première fois sur le territoire de la France, a prouvé aux français qu'elle vouloit *l'envahir*, *et démembrer leur patrie*; aux efforts d'une Nation qui, en prodigant son or, *ne leur a prouvé quesa haîne*, et jamais donné l'espoir d'un bienfait.

Un négociateur qui, en convenant que les cœurs consternés en France, il y a huit mois, les intéréts alarmés, la majorité d'un peuple opprimé, n'ayant plus d'espoir, ne voyant d'autre salut que dans le gouvernement d'un seul, dans une autorité protectrice confiée à un homme juste, éclairé, bienfaisant, s'accordant seulement pour le desirer, mais incertains, indifférens, ou divisés sur son

---

à y séjourner aussi long-tems qu'ils le trouveront agréable; il veut même qu'ils soient instruits qu'il les verra avec plaisir, etc.

*Signé* CARNOT.

choix, sur les formes et les bornes à donner à sa puissance, se seroient peut être alors suomis au retour des Bourbons, ramené sur le trône par une main généreuse, dont les Français ne pouvoient se défier, n'étant pas une de celles qui, auparavant, l'ont secoué pour l'ébranler.

Un négociateur, dis-je, qui en même-tems sauroit représenter avec évidence, qu'aujourd'hui que la France croit avoir trouvé cet homme dans son premier Magistrat, aujourd'hui qu'elle espère de lui son repos, son bonheur, avec sa gloire, et la conservation de la conquête d'une barrière à laquelle l'orgueil national aussi bien que l'intérêt de l'Etat, attache un grand prix; aujourd'hui que les tems sont changés, les Français de tous les partis réunis par la confiance en des chefs qui ne sont d'aucun, les factieux seuls comprimés par le Gouvernement, en vain les mains qui les premières ont minés les antiques fondemens du trône des Bourbons, tenteroient-elles de leur en rendre un moins puissant, assis sur une partie des ruines de la France. Ce ne sera jamais ni elles, ni l'épée d'un conquérant teinte du sang des français, qui le pourront.

Il faudroit que ce négociateur fut en même-tems autorisé à pouvoir seconder les projets

de l'Empereur Paul sur Malthe, et pour le
commerce de ses peuples dans l'Archipel ;
et à lui offrir l'échange que j'ai indiqué, d'une
colonie en Amérique, pour prix de l'établissement qu'il procureroit aux Bourbons :
sachant faire valoir à ses yeux tous les avantages qui en résulteroit pour le commerce de
la Russie ; dont les intérêts et les succès, unis
à celui de la France, protégé par une alliance
entre les deux Gouvernemens, qui protégeroit
en même-tems celui des autres peuples, élé-
veroit bientôt celui de ces deux Puissances à
un dégré de prospérité, qui oteroit à celui de
l'Angleterre sa grande prépondérance.

Il est à présumer que le Roi de Prusse accé-
deroit bientôt à un pareil traité de commerce,
et que les avantages qu'on lui offriroit, en
appuyant ses prétentions sur Nuremberg, en
favorisant des arrangemens qui réuniroit ses
Etats, lui donneroit trois voix dans le collège
électoral, augmenteroit sa puissance en Allemagne, et ses richesses par la cession d'une
colonie qui, au moyen d'une marine royale,
qu'il peut établir dans le port de Dantzik, de-
viendra pour lui, pour le commerce de ses
peuples, d'un grand prix. Il est à présumer,
dis-je, que si le Roi de Prusse ne peut cesser
de voir avec jalousie un accroissement de puis-

sance dans la maison d'Autriche, tous ces avantages le mettant à même de la moins craindre, il accédèra plus volontiers à l'agrandissement de l'Autriche et de la France ; et avant peu, se trouvera par ces arrangemens, engagé tant pour l'intérêt du commerce de ses Etats, que pour maintenir l'équilibre de sa puissance vis-à-vis l'Empereur, à s'allier avec la France, la Russie, l'Espagne et les Républiques Batave et des Gaules-Cisalpine, contre l'Angleterre.

C'est alors que ce despote des mers et du commerce, sera obligé d'en laisser également partager tous les avantages à tous les peuples de l'Erope.

FIN.